# Inhalt

## Jahressteuergesetz 2009 - Die wichtigsten geplanten Änderungen

Kernthesen

Beitrag

Fallbeispiele

Weiterführende Literatur

Impressum

# Jahressteuergesetz 2009 - Die wichtigsten geplanten Änderungen

A. Kaindl

## Kernthesen

- Demnächst werden Steuerstraftaten doppelt so lange wie bisher verfolgt.
- Ehegatten sollen die Steuerlasten gerechter aufteilen können.
- Werden bestimmte Voraussetzungen erfüllt, können Unternehmen ihre Buchführungsaufgaben ins Ausland verlagern.
- Diese und weitere Änderungen hat das Bundeskabinett im Juni 2008 auf den Weg gebracht.

# Beitrag

Die Wirtschaftsverbände sind vom Jahressteuergesetz 2009 enttäuscht. Die Firmen hatten sich bei den Unternehmenssteuern mehr erhofft. Allerdings verspricht das Bundesfinanzministerium zukünftig weniger Bürokratie.

# Bundeskabinett beschließt Jahressteuergesetz 2009

Mit dem Jahressteuergesetzes 2009 soll das Steuerrecht an die aktuelle Steuersituation angepasst und eine Vereinfachung des deutschen Steuerrechts erreicht werden. Das Gesetz umfasst eine Vielzahl von Änderungen in verschiedenen Bereichen des Steuerrechts. Ende April 2008 wurde das Jahresteuergesetz 2009 als Referentenentwurf vorgestellt und am 18.06.2008 wurde der Gesetzesvorschlag vom Bundeskabinett beschlossen. Nachfolgend werden die wichtigsten der geplanten Änderungen vorgestellt. (1), (2)

# Einführung eines "optionalen

# Faktorenverfahrens" für Doppelverdiener-Ehepaare

Die Lohnsteuerklasse V soll attraktiver gestaltet werden. Derzeit wählen Ehepaare mit großem Gehaltsgefälle zumeist die Steuerklasse III für den besser Verdienenden. Auf diesen entfallen dann alle Steuervorteile des Ehegattensplittings. Im Gegenzug wird beim geringer Verdienenden in der Klasse V eine hohe Steuer fällig. Dies gilt als Hindernis für eine Arbeitsaufnahme beim schlechter Verdienenden. Um diesen Effekt abzumildern, ist für das Jahr 2010 die Einführung des "optionalen Faktorverfahrens" für Doppelverdiener-Ehepaare geplant. Durch das neue Verfahren soll der Vorteil aus der gemeinsamen Besteuerung gleichmäßig auf beide verteilt werden. (1), (7)

# Verlagerung der Buchführungsaufgaben ins Ausland

Bisher war es rein rechtlich gesehen nicht möglich Buchführungsaufgaben ins Ausland zu verlagern. Um Verwaltungskosten zu senken und den Unternehmen eine höhere Flexibilität zu ermöglichen, soll diese

Beschränkung aufgehoben bzw. soll zumindest eine Verlagerung der EDV-gestützten Buchführung erlaubt werden.

Die neue Freiheit der Firmen bewegt sich allerdings in sehr engen Grenzen. Ins Ausland darf lediglich die elektronische Buchführung verlagert werden. Wenn der deutsche Gesetzgeber Aufzeichnungen und Dokumente in Papierform vorschreibt, müssen diese weiterhin in Deutschland aufbewahrt werden. Die Erlaubnis zur Verlagerung der Buchführung ins Ausland gilt nur für Mitgliedstaaten der Europäischen Union und des Europäischen Wirtschaftsraums. Des Weiteren muss die Erlaubnis bei der zuständigen Finanzbehörde in Deutschland beantragt werden. Die Erlaubnis wird nur erteilt, wenn der ausländische Staat den jederzeitigen Zugriff der deutschen Steuerbehörden auf die elektronischen Bücher und Aufzeichnungen gestattet. (3)

# Steuerfreiheit für Leistungen des Arbeitgebers zur betrieblichen Gesundheitsförderung

Um die Arbeitgeber zu motivieren, betriebsinterne

Maßnahmen zur Gesundheitsförderung der Mitarbeiter einzuführen bzw. die angebotenen Leistungen zu erweitern, sollen diese von der Besteuerung befreit werden. (1)

## Verjährung von Steuerstraftaten

Zukünftig sollen Steuerstraftaten weniger schnell verjähren. Bisher verjährte eine Steuerstraftat bereits nach fünf Jahren. Nun soll dies erst nach zehn Jahren der Fall sein. Die geplante Verdopplung der Verjährungsfrist von Steuerstraftaten soll in der Abgabenordnung festgeschrieben werden. (1), (2)

## Absetzbarkeit von Schulgeld

An eine Privatschule gezahltes Schulgeld wird weiterhin die Steuerlast mindern, allerdings wird der Abzug künftig gedeckelt. Bisher waren 30 Prozent der Schulgeldzahlungen an inländische Schulen und deutsche Schulen im Ausland als Sonderausgabe absetzbar. Künftig wird dieser Abzug auf höchstens 3 000 Euro je Kind begrenzt. Dafür kann zukünftig aber auch das Schulgeld für Privatschulen, die sich im europäischen Ausland (und im europäischen

Wirtschaftsraum) befinden, als Sonderausgabe abgesetzt werden. Mit dieser Neuregelung reagiert das Bundesfinanzministerium auf ein Urteil des Europäischen Gerichtshofes (EuGH). Dieses Urteil schreibt vor, dass das Finanzamt nicht nur die Kosten inländischer Schulen anerkennen darf, sondern auch das Schulgeld für Einrichtungen im EU-Ausland. Der Anwendungsbereich wird nun ausgeweitet, aber diese Ausweitung wird kombiniert mit neuen Beschränkungen. Nicht nur eine Obergrenze wird eingeführt, sondern auch berufsbildende Schulen ausgeklammert. (2), (4)

## Auslandsverluste

Nach dem Einkommensteuergesetz dürfen bisher Verluste, die im Ausland angefallen sind, nur mit Einkünften derselben Art aus demselben Land verrechnet werden. Der EuGH hat diese Vorschrift als unvereinbar mit den Grundfreiheiten eingestuft. Die alte Regelung soll daher nur noch für Verluste aus Ländern gelten, die nicht der EU oder dem Europäischen Wirtschaftsraum angehören. (2)

## Verschärfung der

## Dienstwagenbesteuerung

Unternehmer, die ihren Geschäftswagen auch privat nutzen, sollen pauschal nur die Hälfte der gezahlten Umsatzsteuer vom Finanzamt erstattet bekommen. Ein Geschäftsmann, der sein Auto überwiegend dienstlich nutzt, wird sich damit deutlich schlechter als heute stellen. Selbst wenn er das Auto zu 90 Prozent für seine Geschäfte benötigt, wird ihm das Finanzamt nur noch die Hälfte der darauf gezahlten Mehrwertsteuer mit anderen Steuerschulden verrechnen. Bisher war die so genannte Vorsteuer voll abziehbar. Das Bundesfinanzministerium verspricht sich von der Verschärfung zusätzliche Einnahmen und weniger Streitfälle in den Finanzämtern. (2)

## Das Ende der Steuerfreiheit für Dividenden aus Streubesitz kommt nicht

Die vom Bundesfinanzministerium gewünschte Einführung der Besteuerung von Schachteldividenden - das sind Gewinne, die Unternehmen aus kleineren Beteiligungen erzielen - findet sich nicht im Jahressteuergesetz 2009. Die geplante Steuer auf Dividenden aus Streubesitz stieß auf heftige Kritik seitens der Wirtschaft. Das Bundesfinanzministerium argumentierte damit, dass Deutschland vom EuGH zur Einführung dieser Steuer gezwungen wird. Die Luxemburger Richter haben kritisiert, dass Dividenden und Gewinne aus Anteilsverkäufen aus Kleinbeteiligungen bis zehn Prozent im Inland steuerfrei sind, im EU-Ausland aber nicht. Um dieser Ungleichbehandlung ein Ende zu setzen, hat die Bundesregierung nun zwei Möglichkeiten: Entweder besteuert sie den Streubesitz auch im Inland oder sie stellt ihn europaweit von der Steuer frei. Das Bundesfinanzministerium war aus Haushaltsgründen für die erste Option, die zu Mehreinnahmen von ca. 500 Millionen Euro geführt hätte. Die EU-weite Steuerfreiheit hätte dagegen zu Mindereinnahmen von etwa einer Milliarde Euro geführt. Nun bleibt vorerst aber alles beim Alten. (2), (5), (6)

# Keine Korrektur an der Zinsschranke

Mit der seit dem 01.01.2008 geltenden Unternehmenssteuerreform 2008 wurde eine Zinsschranke eingeführt. Die Zinsschranke begrenzt die steuerliche Berücksichtigung des Zinsaufwands auf 30 Prozent des Rohgewinns. Das

Bundesfinanzministerium plant nicht mit dem Jahressteuergesetz 2009 Korrekturen an der Zinsschranke vorzunehmen. Die Bundesregierung hat beschlossen in 2009, wenn die Jahresabschlüsse nach dem neuen Unternehmenssteuerrecht vorliegen, die Wirkung der Zinsschranke zu überprüfen und eventuelle Anpassungen vorzunehmen. (5)

# Fallbeispiele

Der Rechtsanwalt und Steuerberater Ulrich-Peter Kinzl, Partner bei der Kanzlei Bongen, Renaud & Partner in Stuttgart, erwartet große Schwierigkeiten in der Praxis, wenn ein Unternehmen seine Buchführung ins Ausland verlagern möchte. Besonders kritisch sieht er, dass der ausländische Staat dem jederzeitigen Zugriff der deutschen Steuerbehörden auf die elektronischen Bücher und Aufzeichnungen gestatten muss. Da kommt bspw. schon Mal die Frage auf, bei welcher Stelle des ausländischen Staates eine solche Zustimmung beantragt werden kann. Falls diese Hürde erfolgreich genommen wurde, ist dies kein Freifahrtschein für alle Zeiten. Widerruft der ausländische Staat die Genehmigung, fällt eine Voraussetzung für die

Verlagerung der Buchführung ins Ausland nachträglich weg. Die Buchführung muss dann zurückverlagert werden. Strafen drohen, falls dies nicht schnell genug erfolgt. (3)

Nach Meinung der Wirtschaftsverbände wird mit dem Jahressteuergesetz 2009 die Chance vertan, das Unternehmensteuergesetz unbürokratischer und praxistauglicher zu gestalten. Antje Jasmand, Steuerexpertin beim BDI, bedauert, dass der Gesetzentwurf keine Nachbesserungen bei der Zinsschranke enthält. Jens Gewinnus, Steuerexperte bei der DIHK, kritisiert, dass es keine Korrekturen bei den Unternehmenssteuern gibt. Bei der DIHK wurde die Hoffnung auf Erleichterungen bei der Behandlung von Mietkosten in der Gewerbesteuer gehegt. (7)

In der Begründung für das Jahressteuergesetzes 2009 wird das optionale Faktorverfahren mit einem Beispiel verdeutlicht: Der eine Ehegatte verdient 30 000 Euro, was in der Steuerklasse IV 4 800 Euro Steuern bedeutet; der andere verdient 10 000 Euro. Dafür fällt keine Lohnsteuer an. Nach dem Splittingverfahren hat das Ehepaar insgesamt nur 4 000 Euro Steuern zu zahlen. Geteilt durch die ursprünglich abgeführte Steuer von 4 800 Euro, ermittelt sich ein Faktor von 0,833. Das Finanzamt würde diesen Faktor den Arbeitgebern der Eheleute melden, so dass diese anhand des Faktors gleich die richtige Lohnsteuer abführen können. (8)

# Weiterführende Literatur

(1) O.V., Referentenentwurf eines Jahressteuergesetz 2009, Finanz-Rundschau 11/2008, S. R5,
aus Börsen-Zeitung, 15.04.2008, Nummer 72, Seite 8

(2) Steuerstraftäter sollen länger verfolgt werden aus Frankfurter Allgemeine Zeitung, 19.06.2008, Nr. 141, S. 13

(3) Freudenberg, Tobias, Jahressteuergesetz 2009 erlaubt Firmen wohl eine Verlagerung, Buchführung im Ausland spart Geld, HANDELSBLATT online 13.06.2008
aus Frankfurter Allgemeine Zeitung, 19.06.2008, Nr. 141, S. 13

(4) Schulgeld: Einschnitte vom Finanzminister aus Capital vom 19.06.2008, Seite 133

(5) Glos bremst Jahressteuergesetz
aus Handelsblatt Nr. 107 vom 05.06.08 Seite 4

(6) Kein Entkommen für Anleger Am 1. Januar kommt die Abgeltungsteuer. Sie macht Aktienanlagen unattraktiver und stärkt Anleihen, Dachfonds und Versicherungen. Umgehen kann man die Steuer nicht aus Financial Times Deutschland vom 10.06.2008,

Seite SA1

(7) Jahressteuergesetz enttäuscht Verbände
aus Handelsblatt Nr. 088 vom 07.05.08 Seite 4

(8) Neues Steuerverfahren für Doppelverdiener-Ehepaare
aus Frankfurter Allgemeine Zeitung, 30.04.2008, Nr. 101, S. 15

# Impressum

## Jahressteuergesetz 2009 - Die wichtigsten geplanten Änderungen

**Bibliografische Information der deutschen Nationalbibliothek**

Die Deutsche Nationalbibliothek verzeichnet diese Publikation in der deutschen Nationalbibliografie; detaillierte bibliografische Daten sind im Internet über http://dnb.d-nb.de abrufbar.

ISBN: 978-3-7379-1365-2

© 2015 GBI-Genios Deutsche Wirtschaftsdatenbank GmbH, Freischützstraße 96, 81927 München, www.genios.de

Alle Rechte vorbehalten. Dieses Werk ist einschließlich aller seiner Teile – z.B. Texte, Tabellen und Grafiken - urheberrechtlich geschützt. Jede Verwertung außerhalb der Grenzen des Urheberrechtsgesetzes bedarf der vorherigen Zustimmung des Verlags. Dies gilt insbesondere auch für auszugsweise Nachdrucke, fotomechanische

Vervielfältigungen (Fotokopie/Mikroskopie), Übersetzungen, Auswertungen durch Datenbanken oder ähnliche Einrichtungen und die Einspeicherung und Verarbeitung in elektronischen Systemen.